공룡아
너 뭐 먹니?

Penguin
Random
House

Original Title: Dinosaur Dinners
Copyright © 2023 Dorling Kindersley Limited
A Penguin Random House Company

www.dk.com

공룡아
너 뭐 먹니?

리 데이비스

DK | 삼성출판사

차례

공룡마다 다른 입맛

공룡은 생김새가 다 다르듯
먹는 것도 다 달라요.

고기를 먹는 공룡

고기를 먹이로 삼는 공룡을
육식 공룡이라고 불러요.

티라노사우루스

크앙!
고기를
내놔라.

식물을 먹는 공룡

식물을 먹이로 삼는 공룡을
초식 공룡이라고 불러요.

나는
식물이 좋아.

스티라코사우루스

나는
아무거나
다 잘 먹어.

갈리미무스

고기와 식물을 먹는 공룡

고기와 식물을 모두 먹이로 삼는 공룡을
잡식 공룡이라고 불러요.

육식 공룡이 냠냠!

육식 공룡은 물고기, 곤충, 포유류 동물,
파충류 동물, 그리고 다른 공룡을 잡아먹어요.

티라노사우루스

몸길이: 약 12미터
특징: 살을 파고들고 뼈를 으스러뜨리는
　　　　날카로운 이빨
좋아하는 먹이: 큰 공룡

트루돈

몸길이: 약 2미터
특징: 사냥감을 잘 찾아내는
　　　커다란 눈
좋아하는 먹이: 작은 동물

스피노사우루스

몸길이: 약 16미터
특징: 먹잇감을 물고 뜯는
　　　강력한 턱
좋아하는 먹이: 물고기와 공룡

트루돈

나는 트루돈이에요.

지금은 아침거리를 찾느라 바빠요.

내 눈을 좀 봐요.

무척 크지요?

먹잇감이 어디 숨어 있든 금세 찾아낸다고요.

나는 헤레라사우루스예요.

점심을 먹으려고 방금 둥지를 나섰어요.

헤레라사우루스

나는 길고 날씬한 뒷다리 덕분에
굉장히 빠른 속도로 달려요.
먹잇감이 죽어라 도망쳐 봤자
아무 소용 없어요.

나는 티라노사우루스예요.

저녁때가 되니 배에서 꼬르륵 소리가 요란하군요.

나는 여러분보다 훨씬 커요.

어때요, 무섭게 생겼지요?

미안하지만 하는 행동은 더 무서워요.

티라노사우루스

우리는 육식 공룡이에요.

날카로운 이빨과 발톱을 지녔지요.

우리에게 까불다가는 큰코다쳐요.

우리는 다른 공룡을 잡아먹는다고요.

티라노사우루스

헤레라사우루스

스피노사우루스

초식 공룡이 쩝쩝!

대부분의 공룡은 나뭇잎과 풀을 먹는
초식 공룡이에요.
육식 공룡에게 잡아먹히지 않으려면,
항상 눈을 크게 뜨고 귀를 쫑긋 세워야 해요.

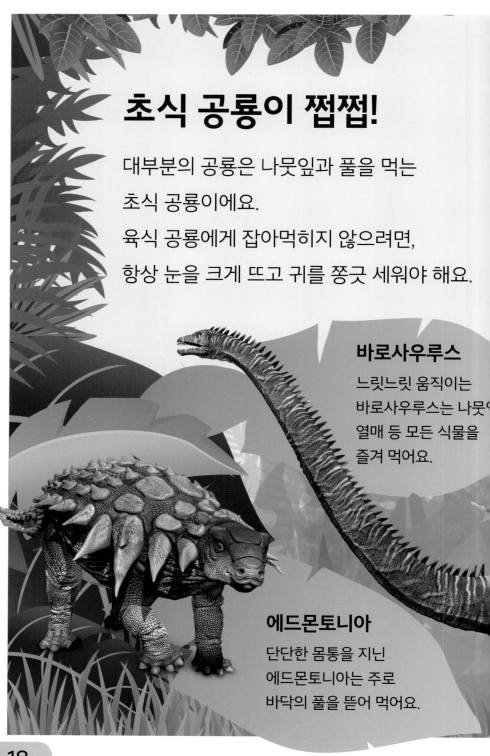

바로사우루스

느릿느릿 움직이는
바로사우루스는 나뭇잎,
열매 등 모든 식물을
즐겨 먹어요.

에드몬토니아

단단한 몸통을 지닌
에드몬토니아는 주로
바닥의 풀을 뜯어 먹어요.

플라테오사우루스

플라테오사우루스는
튼튼한 뒷다리로
서서 나뭇잎을
훑어 먹어요.

브라키오사우루스

브라키오사우루스는
긴 목을 죽 뻗어 높은 곳에 달린
나뭇잎을 따 먹어요.

나는 마이아사우라, 식물만 먹는 초식 공룡이에요.
육식 공룡이 해치지 못하게
새끼들 곁에 바짝 붙어 있지요.

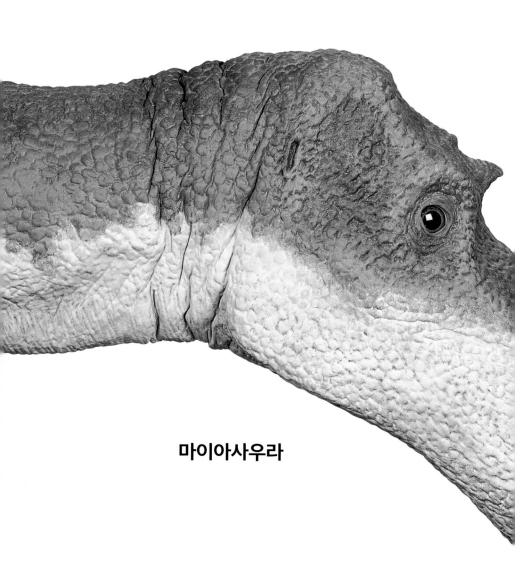

마이아사우라

두두룩한 흙더미에 둥지를 지어 놓았어요.

잠깐 내 둥지 좀 봐 줄래요?

나뭇잎과 열매를 따 와 새끼들을 먹여야 하거든요.

우리는 힙실로포돈이에요.

덩치가 작은 만큼 매우 날렵해요.

부드러운 나뭇잎이나 풀을 주로 먹어요.

힙실로포돈

우리는 무리를 지어 살아요.

함께 풀을 뜯으면서도 큰 눈을 두리번거리며

사방을 살펴요. 그러다 육식 공룡이 공격해 오면

꼬리로 균형을 잡으면서 튼튼한 뒷다리로

재빨리 달아나요.

나는 바로사우루스예요.

목이 너무 길다고 놀라지 마세요.

긴 목만큼 거대한 덩치를 유지하려면

나뭇잎을 아주아주 많이 먹어야 해요.

나는 매일 긴 목을 쭉 늘여 나무 꼭대기에 달린

나뭇잎을 맛있게 먹어요.

바로사우루스

목이 기니까 사나운 육식 공룡이
어디에서 나타나나 망을 보기가 쉬워요.
내가 훨씬 더 크지만 육식 공룡한테 이길 수는 없어요.
그러니까 조심하는 게 최고예요.

우리는 다른 동물을 잡아먹는 육식 공룡으로부터
우리 자신을 지켜야 해요.
우리처럼 무리를 지어 한데 모여 사는 것은
꽤 좋은 방법이에요.
육식 공룡이 공격해 오면
서로서로 지켜 줄 수 있으니까요.

스티라코사우루스

나처럼 자신을 지키는 방어 무기를 지닌 공룡도 많아요.

나는 거북선처럼 튼튼한 등딱지를 지녔어요.

육식 공룡의 날카로운 이빨도 뚫지 못할 만큼 단단해요.

어깨와 옆구리에 뾰족하게 돋은 가시가

무시무시하지요?

내 동작이 느리다고 만만히 덤비던

육식 공룡도

가시에는 잔뜩 겁을

먹는다고요.

에드몬토니아

용어 정리

갈리미무스
이름은 '닭을 흉내 내는'이라는 뜻이며 잡식 공룡이다.

마이아사우라
이름은 '좋은 엄마 도마뱀'이라는 뜻이며 초식 공룡이다.

바로사우루스
이름은 '무거운 도마뱀'이라는 뜻이며 초식 공룡이다.

브라키오사우루스
이름은 '팔 도마뱀'이라는 뜻이며 초식 공룡이다.

스티라코사우루스
이름은 '긴 뿔이 돋은 도마뱀'이라는 뜻이며 초식 공룡이다.

스피노사우루스
이름은 '가시 도마뱀'이라는 뜻이며 육식 공룡이다.

에드몬토니아
이름은 '에드먼턴에서 발견된'이라는 뜻이며 초식 공룡이다.

트루돈
이름은 '상처를 주는 이빨'이라는 뜻이며 육식 공룡이다.

티라노사우루스
이름은 '폭군 도마뱀'이라는 뜻이며 육식 공룡이다.

플라테오사우루스
이름은 '납작한 도마뱀'이라는 뜻이며 초식 공룡이다.

헤레라사우루스
이름은 이 공룡의 화석을 처음 발견한 사람의 이름을 본뜬 '헤레라의 도마뱀'이라는 뜻이며 육식 공룡이다.

힙실로포돈
이름은 '높고 골이 깊은 이빨'이라는 뜻이며 초식 공룡이다.

퀴즈

이 책을 읽고 무엇을 알게 되었는지 물음에 답해 보세요.
(정답은 맨 아래에 있어요.)

나는 누구일까요? 이 책에 등장한 공룡의 이름을 말해 보세요.

1. 나는 육식 공룡의 이빨도 뚫지 못할 만큼 튼튼한 등딱지를 지녔어요.

2. 나는 길고 날씬한 뒷다리를 이용해 매우 빨리 달려요.

3. 나는 날카로운 이빨로 다른 공룡의 살을 파고들고 뼈를 으스러뜨려요.

4. 나는 긴 목을 쭉 늘여 나무 꼭대기에 달린 나뭇잎을 먹어요.

5. 나는 고기와 식물을 가리지 않고 아무거나 다 먹어요.

1. 에드몬토니아 2. 헤레라사우루스 3. 티라노사우루스
4. 바로사우루스 5. 갈리미무스

DK 읽는재미!
SUPER Readers

아이들의 흥미와 발달을 모두 고려한
체계적인 읽기 프로그램 <DK 읽는 재미>.
스트레스 없는 책 읽기를 통해
아이들의 문해력이 자연스럽게 향상됩니다.

LEVEL 1

스스로
읽어요

취학 전~
초등 1학년

본문 32p